ISBN: 9798636705307

Ao Criador, causa primária de todas as coisas, por tudo! E à minha família: minha mãe, pelo desvelo assertivo e constante, minha esposa pela paciência, tolerância e por me proporcionar escrever este modesto livro em dias turbulentos de pandemia, meus cachorros por me aturarem e contribuirem consideravemente para o nosso bem-estar físico e mental, homens e mulheres da ciência, por sua contribuição intelectual, que nos permite resolver problemas práticos da sociedade, e meu pai, que desde muito cedo sempre me ensinou: "Não importa o que você se seja quando crescer, mas o que quer que você se torne, seja o melhor!".

PRÓLOGO

"Esteja sempre pensando em como fazer melhor" — *Elon Musk (Tesla)*

I nicialmente, a Internet permitiu às pessoas acessarem qualquer tipo de informação e, portanto, chegarem a conclusões de forma muito mais rápida. Tecnologias e dispositivos incríveis fizeram desaparecer, de maneira inestimável, as diferenças entre os inovadores e os primeiros adaptadores de tecnologias. Agora, adotado pelas TIC – Tecnologia da Informação e Comunicações, muitos de nós consideram que estamos experimentando uma nova revolução industrial, a 4.0 – que engloba algumas tecnologias para automação e troca de dados, que utiliza conceitos de sistemas ciber-físicos, Internet das Coisas e Computação em Nuvem –, um estágio empolgante de mudanças profundas e rápidas. Mas essa transição não está sendo concluída em muitos setores e talvez seja devido a uma barreira temporária que faz com que as mudanças ocorram antes de estarmos prontos para enfrentá-las.

Sempre que interagimos com a tecnologia, geramos dados massivamente, conhecidos como *Big Data*. Um termo da moda, considerado por alguns e atraente por outros, nos últimos anos que encontra seu verdadeiro poder na ideia de utilidade, uma vez que os dados, por si só, são inúteis. O mais interessante é decidir o que pode ser feito com eles. Assim, chega-se ao conceito de inteligência de negócios, que faz com que decisões ótimas sejam tomadas no menor tempo possível. Novamente, as mesmas ideias são repetidas: tempo e utilidade. Para além de tecnologia e tecnisismos, é disso que se trata, *business* e gente – informações rápidas e de qualidade para os usuários, em meio a um volume crescente diário de dados de todos os tipos: texos, imagens, audios, vídeos, etc.

Este livro sobre *Big Data* e NoSQL, surge como uma necessidade

de colocar rótulos e nomes nas coisas, por vezes de forma mais técnica, quando não for possível fazê-lo de outra forma. No primeiro capítulo, serão abordados os conceitos de *Big Data* e os seus 5 Vs. O segundo, a justificativa para a presente obra. No terceiro capítulo será feita uma breve análise sobre os problemas encontrados. No quarto, as soluções e resultados encontrados. No quinto, serão apresentadas algumas ferramentas. No sexto capítulo será feita um introdução ao NoSQL, tipos de bancos não relacionais e alguns exemplos. No sétimo serão tratadas as profissões relacionadas ao *Big Data* e NoSQL. No oitavo os desafios do porvir serão apresentados. O nono capítulo trata da consluão. No décimo há um bônus para o(a) leitor(a), com videoaula e mapa mental sobre NoSQL, seguido das referências.

ÍNDICE

BIG DATA E NOSQL: ONTOLOGIAS E ESTADO DA ARTE

Introdução ao Big Data e NoSQL

por Anaximandro Barbosa de Melo

Amazon

RESUMO

O objetivo do presente livro é auxiliar os profissionais de TIC – Tecnologia da Informação e Comunicações e fazer uma abordagem geral sobe o atual estado da arte de *Big Data*, em relação aos principais problemas, soluções encontradas e seus resultados. Também serão abordadas definições, como os 5Vs conceituais do *Big Data*: Volume, Velocidade, Variedade, Veracidade e Valor, além de uma breve introdução sobre as principais ferramentas e bibliotecas analíticas de processamento disponíveis, tais como: MapReduce, BigTable, *Page Rank*, Hadoop, Nvidia CUDA (GPU), GraphLab, Twitter *Storm*, MLPACK, TurboGraph e Processamento Paralelo Síncrono (*BSP – Bulk Synchronous Parallel Processing*), utilizadas no âmbito comercial e acadêmico. O leitor será capaz de compreender o conceto de NoSQL – *Not Only SQL* e Bancos de Dados baseados em Grafos e Não Relacionais como DynamoDb, Couchbase, Riak, Azure Table Storage, Redis, Tokyo Cabinet, Berkeley DB, MongoDB, Neo4j, Cassandra, entre outros. Também há um capítulo dedicado às profissões relacionadas ao *Big Data* e NoSQL - que poderá auxiliar os profissionais de gestão de pessoas (RH) e recrutamento e seleção a ententender melhor essas novas posições no mercado de tecnologia -, além de um bônus (videoaula sobre NoSQL, juntamente com um mapa mental sobre o assunto).

Palavras-chave — *Big Data*, Ontologias, Estado da Arte, MapReduce, *BigTable*, *Page Rank*, Hadoop, NoSQL, Profissões, Carreiras.

I. BIG DATA

"Sempre entregue mais que o esperado"
— Larry Page (Google)

Os grandes sistemas e volumes de dados tiveram sucesso inquestionável nos últimos anos, de acordo com Lv [1] e continuarão se desenvolvendo de forma cada vez rápida na próxima década. Estes sistemas abrangem muitos setores e áreas de serviço público e indústria, como motores de busca, redes sociais, sites de comércio eletrônico e multimídia, bem como uma variedade de áreas de pesquisa científica, como bioinformática, meteorologia e simulações complexas de física, conforme o trabalho de Han [2].

Big Data é o termo que descreve o imenso volume de dados complexos, estruturados ou não, e que impactam vários setores no dia a dia. Para uma grande massa de dados o importante não é a quantidade e sim o que se faz com o os dados que realmente importam. *Big Data* pode ser utilizado para a obtenção de insigths que levam a melhores decisões e direções estratégicas para qualquer tipo de negócio.

Para Cavanillas [3] o volume de dados está crescendo exponencialmente, e espera-se que até 2020 haja mais de 16 zettabytes, equivalente a 16 trilhões de gigabytes, de dados úteis. Ainda segundo o autor, estamos à beira da era em que cada dispositivo estará online, onde os sensores ubíquos gerarão fluxos contínuos de dados. O volume de dados oferecidos e consumidos na Internet aumentará significativamente e a Internet das coisas (IoT – *Internet of Things*) contribuirá consideravelmente para isso. Para o autor, *Big Data* é o campo emergente em que a tecnologia inovadora oferece novas formas de extrair valor do "tsunami"de novas informações. A capacidade efetiva de gerenciar informações e extrair conhecimento agora é visto como novo diferencial competitivo. Muitas organizações estão construindo seus principais negócios em sua capacidade de coletar e analisar informações para extrair conhecimento e visão de negócios baseado nos dados importantes. A adoção de tecnologia dentro dos setores industriais não é um luxo, mas uma necessidade imperativa para a maioria das organizações sobreviver e ganhar vantagem nos negócios. De acordo com Gudivada [4], inicialmente *Big Data* era definido com apenas três propriedades (Vs): Volume, Velocidade e Variedade, mas recentemente foram adicionados mais dois Vs: Veracidade e Valor, são elas:

1) **Volume**: grande quantidade de dados gerada a cada segundo. São petabytes, zettabytes e brontobytes. A tecnologia do *Big Data* serve exatamente para lidar com esse volume de dados, guardando-os em diferentes locais e juntando-os por meio de *software*. Mensurados em terabytes (2^{40}), petabytes (2^{50}) e seguindo rapidamente para exabytes (2^{60}).

2) **Velocidade**: refere-se à velocidade com que os dados são criados. O *Big Data* serve para analisar os dados no instante em que são criados, sem ter de armazená-los em bancos de dados. Taxa de crescimento em tempo real para estimar o preço do dado.

3) **Variedade**: antes, a maior parte dos dados era estruturada e podia ser colocada em tabelas e relações. Hoje, 80% dos dados do mundo não se comportam dessa forma. Com o *Big Data*, mensagens, fotos, vídeos e sons, que são dados não-estruturados, podem ser administrados juntamente com dados tradicionais. Podem ser altamente estruturados, semi estruturados e totalmente desestruturados.

4) **Veracidade**: Um dos pontos mais importantes de qualquer informação é que ela seja verdadeira. Com o *Big Data* não é possível controlar cada hashtag do Twitter ou notícia falsa na internet, mas com análises e estatísticas de grandes volumes de dados é possível filtrar as informações incorretas. Também trata de privacidade e segurança, além da confiabilidade da informação, de acordo com Cuzzocrea [5].

5) **Valor**: O último V é o que torna *Big Data* relevante. Tudo bem ter acesso a uma quantidade massiva de informação a cada segundo, mas isso não adianta nada se não puder gerar valor. É importante que empresas entrem no negócio do *Big Data*, mas é sempre importante lembrar dos custos e benefícios e tentar agregar valor ao que está sendo feito. Se pode produzir insigths ou agregar inteligência ao contexto / negócio.

II. JUSTIFICATIVA

"Você não escolhe suas paixões, elas escolhem você" — Jeff Bezos (Amazon)

Conforme abordado por Gudivada [4] o grande e crescente volume de dados gerados atualmente nas redes sociais ubíquas –   onipresentes no cotidiano das pessoas –, satélites, sensores de dispositivos móveis (Internet das Coisas), e devido ao acelerado processo de desenvolvimento tecnológico, já se fala inclusive em telefones celulares com câmeras de Terapixel de definição. Para se ter ideia do volume de dados produzidos atualmente, com crescimento estimado para mais 0.5 petabytes por ano, o observatório solar da NASA capturou a sua 100 milionésima imagem do sol em janeiro de 2015. Há quatro telescópios capturando e gerando imagens do sol a cada 12 (doze) segundos. Só o Colisor de Hadrons do CERN possui 150 milhões de sensores capturando 600 milhões de colisões por segundo. Já no âmbito das redes sociais, como o Facebook, por exemplo, são postadas mais de 300 milhões de novas fotos por dia, no Instagram, mais de 60 milhões de fotos são compartilhadas diariamente e mais de 100 horas de vídeos são enviadas por segundo para o YouTube. Apesar do grande volume de dados, foi estimado em 2013 que apenas 22% desses dados foram considerados de fato úteis. Estima-se que em 2020, 35% dos dados serão úteis, considerando a contínua produção de dados pelos sensores de dispositivos móveis (IoT). Com efeito, o tratamento de grandes volumes de dados, estruturados e principalmente os não estruturados, faz-se indispensável, pois além da necessária filtragem dos dados relevantes, o armazenamento, processamento e visualização adequados precisam ser otimizados, para justificar os investimentos feitos em infraestrutura e capacidade computacional.

III. PROBLEMAS

"Contrate pessoas apaixonadas, é a única coisa impossível de ensinar" — Jack Dorsey (Twitter)

O s principais problemas encontrados ao se trabalhar com *Big Data* são: o imenso volume de dados, armazenamento, pesquisa, processamento (análise), eficiência energética, coforme Chalmers [6] e a visualização adequada de grandes conjuntos de dados, segunda o estudo de Gudivada [4], pois dependendo da área onde ele será aplicado – coleta de dados –, poderá resultar em dezenas, centenas e até milhares de gigabytes gerados por dia, por hora ou mesmo por minuto.

Tais problemas tornaram-se parte integrante de uma ampla gama de disciplinas acadêmicas e científicas, que tem como objetivo encontrar soluções viáveis e que resultem em benefícios concretos para viabilizar a utilização e aplicação do *Big Data* na indústria e cientificamente, anda segundo o autor.

Para Wu [7], além das questões supracitadas, muitas vezes será necessário fazer um *trade-off*, que implica em perder uma qualidade ou aspecto de algo em troca do ganho de outra qualidade ou aspecto, entre escalabilidade, disponibilidade, performance e segurança. Algumas vezes *Big Data* também podem ser: conflituoso, impreciso, incompleto, redundante, subjetivo, tendencioso e ruidoso, e isso pode causar confusão e desinformação.

IV. SOLUÇÕES E RESULTADOS

"Você nunca será criticado por alguém esteja fazendo mais do que você, só por alguém que esteja fazendo menos" — Steve Jobs (Apple)

Para alguns dos problemas de pesquisa em *Big Data*, uma das propostas de solução para essa questão é a utilização do *framework* GEMS – *Graph database Engine for Multith-readed Systems* que, surgiu como recurso para organização, integração e gerenciamento de dados heterogêneos de larga escala, aplicável tanto no âmbito científico como comercial, utilizando memoria distribuída e clusters de alta performance, sendo a diminuição da latência (tempo de reação) de replicação dos eventos de *Big Data*, uma dos grandes desafios dos pesquisadores, de acordo com a abordagem de Gudivada [4]. Esse estudo de caso foi baseado na observação da produção de tráfico dos usuários do LinkedIn e vários sistemas móveis, onde foi desenvolvido um modelo preditivo para a entrada de taxas de tráfego para reduzir a latência da replicação.

De acordo com a constatação de Pospiech [8], *Big Data* tem sido usado em larga escala na computação em nuvem com computação distribuída de grandes conjuntos de dados. Neste contexto, o MapReduce, implementado inicialmente pela Google, representa o centro da pesquisa e é citado em quase todas as publicações. O *framework* especifica uma função de mapa e uma função de redução. Por isso, a abordagem divide um grande problema em pequenos pedaços e os atribui a pares apropriados (valor-chave). Essas tarefas menores são automaticamente precedidas de forma eficiente e paralelamente consolidadas por funções de redução. MapReduce reflete outro campo de pesquisa com uma abordagem orientada para mensagem, que ameniza a sobrecarga de tráfego. Além disso, outros esforços estão em andamento para a junção dos bancos de dados paralelos com MapReduce. O MapReduce funciona bem para tarefas complexas analíticas e de transformação ETL – *Extract, Transform, Load*, que trata o processo de Extração, Transformação e Carregamento, sendo um processo que envolve extração de dados de fontes externas. Enquanto paralelos, os bancos de dados são excelentes na consulta de grandes conjuntos de dados. Outra discussão refere-se ao Apache Hadoop *framework*, que é executado nas tarefas do MapReduce e possui vários componentes como o valor-chave do banco de dados (Hbase) que utiliza Hadoop *Distributed File System* (HDFS), bem como a linguagem SQL orientada Hive / HiveQL, a linguagem de alto nível Pig / PigLatin e seus tradutores. Dessa forma, o sistema de arquivos distribuídos (HDFS) representa o sistema de arquivos subjacente e é objeto de pesquisa intensiva. Assim, projetos como HadoopDB ou Hadapt obtiveram vantagens de desempenho melhor que o Hive and Pig pela YSmart, um tradutor SQL para MapReduce avançado, que oferece um aumento de desempenho evidente durante consultas complexas. Já o Dryad representa tempo de execução para a execução de dados de aplicações paralelas da Microsoft. Assim, ele gera códigos de programa conforme o gráfico acíclico, onde os dados fluem entre as operações. Neste contexto, DryadLINQ representa a linguagem de programação declarativa de fluxo de dados para Dryad e pode ser utilizado em qualquer linguagem .NET (leia-se dot NET).

V. FERRAMENTAS

"Se você conseguir superar o medo e a perigosa sensação de correr riscos, coisas incríveis acontecerão." — Marissa Mayer (Yahoo!)

De acordo com Chalmers [6], algumas das ferramentas, bibliotecas e *frameworks* a seguir, tem benefícios e desvantagens, quando utilizados para abordar grandes estruturas de dados, são eles:

Hadoop: um projeto de código aberto da Apache, que visa prover um ambiente de computação distribuída escalável e confiável e tem como objetivo tornar disponíveis todas as ferramentas para a computação em larga escala, com as seguintes características: tolerância a falha de armazenamento distribuído, usando HDFS – Hadoop *Distributed File System*, que é um sub projeto do Hadoop, e funciona como sistema de armazenamento distribuído. Também dispõe de bibliotecas Java que permitem o processamento paralelo distribuído escalável. Hadoop tem um forte "ecossistema" de aplicações complementares e estruturas que têm crescido em torno dele, que simplificam, melhoram ou ampliam suas capacidades, que vão desde ferramentas de monitoramento, como Ambari (implementação e gerenciamento de cluster Hadoop), Zookeeper (sincronização e gerenciamento de configuração) ou Mahout (uma biblioteca escalável de aprendizagem que funciona no topo do *framework* Hadoop). Para estruturas de armazenamento como HBase, um armazenamento de dados distribuído orientado por colunas, torna possível armazenar tabelas de dados extremamente grandes e suporte em tempo real para leitura e escrita na tabela inteira, bem como a herança dos atributos tolerantes a falhas do HDFS.

Nvidia CUDA: usa a programação de processamento de gráficos de uso geral da GPGPU – *General Purpose Graphics Processing*

Unit, Unidade de Processamento Gráfico de Propósito Geral, que utiliza a GPU – *Graphics Processing Unit*, Unidade de Processamento Gráfico, para além da renderização gráfica tais como: processamento de imagem, visão computacional, inteligência artificial, cálculo numérico dentre outras aplicações. Além de utilizar os recursos de processamento do MapReduce, também há outra opção para "granulometria – especificação dos diâmetros de pequenas partes – em grande escala com a programação GPGPU. Utilizando o CUDA API como uma ponte entre o host e o dispositivo para passar dados e funções para a placa gráfica para que ela processe e o requisitante possa ler os resultados dos buffers especialmente projetados para essa finalidade. Porém este "poder" tem um custo, pois a API foi escrita em C/C++, então para conseguir níveis satisfatórios de desempenho que esta API é capaz de oferecer, deve-se escrever o aplicativo de processamento também nessas linguagens. Dessa forma, a complexidade é aumentada substancialmente quando comparada ao MapReduce e o código Java similar. Outra opção semelhante ao CUDA é o OpenCL, uma "linguagem de computação aberta"projetada para oferecer os benefícios da programação para múltiplas GPUs e CPUs, sem a necessidade de depender de bibliotecas específicas dos fornecedores. Ambos, Nvidia e ATi suportam o padrão, assim como a Intel e a AMD, alcançando assim, uma grande variedade de *hardware*, escrevendo-se um único aplicativo.

Twitter Storm: é um ambiente de processamento distribuído em tempo real, capaz de se integrar com qualquer sistema gerenciado, linguagem de programação ou estrutura de armazenamento. Storm é projetado para trabalhar com fluxos de dados ou solicitações diretas e que retornem o resultado mais recente. Sua arquitetura é baseada em torno das seguintes abstrações: Tupla – lista ordenada de elementos; *Stream* – lista não consolidada de tuplas; *Spout* – representa a fonte de um fluxo dentro da topologia; *Spouts* podem fornecer fluxos de Tuplas, Filas, Web Logs, Chamadas API e Dados do evento. A topologia pode ser vista na Figura 1:

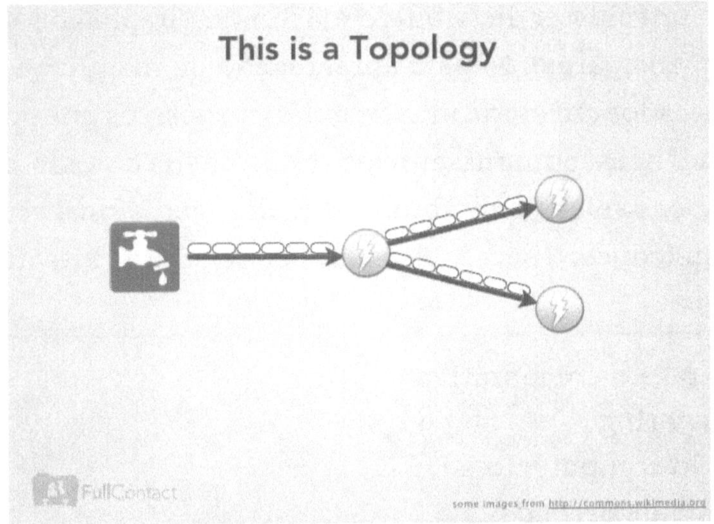

Figura 1: Topologia do Twitter Storm

MLPACK: é o estado da arte de uma biblioteca de aprendizado de máquina escalável, multiplataforma, escrita em C++. Oferece uma API simples, consistente e acessível a usuários novatos e de alto desempenho e com flexibilidade para usuários experientes. MLPACK fornece algoritmos de melhor desempenho do que outras bibliotecas. MLPACK visa alcançar os seguintes objetivos entre usuários iniciantes e especialistas:

–Implementar algoritmo de aprendizagem de máquinas escalável e rápido;
–Desenhar uma API intuitiva, consistente e simples para

usuários leigos;

–Implementar uma variedade de métodos de aprendizagem mecânica; e

–Fornecer algoritmos de aprendizado de máquinas de ponta.

GraphLab: Aprendizagem de Máquinas Orientada a Gráficos é a combinação de uma API C++ principal e vários kits de ferramentas de mineração de dados e aprendizagem de máquina. Todos voltados para operar em uma única máquina ou em um cluster distribuído existente. GraphLab foi projetado principalmente para aprendizado de máquina e cálculos baseados em estruturas de grafos, processos que possuem dependências computacionais ou de dados que são difíceis ou impossíveis de contabilizar em uma tradicional estrutura de MapReduce. GraphLab contém os seguintes kits de ferramentas:

- Filtragem colaborativa
- Clustering
- Visão computacional
- Modelos Gráficos
- Análise Gráfica
- Modelagem de tópicos
- Soluções Lineares

GraphLab é capaz de funcionar em um ambiente distribuído, inclusive localmente para experimentação e testes.

Neo4j: os bancos de dados baseados em gráficos são mecanismos de armazenamento persistentes que renunciam às tabelas, campos e estrutura de colunas de bancos de dados relacionais tradicionais, pois armazenam todas as informações como nós e/ou arestas. Toda a sua estrutura e operação é construída baseada na teoria dos grafos – ramo da matemática que estuda as relações entre os objetos de um determinado conjunto. Os dados são armazenados como grafos, com os objetos de dados e suas propriedades, análogos aos da orientação a objetos da programação, e as arestas representam os vários relacionamentos entre eles. Um exemplo pode ser visto na Figura 2:

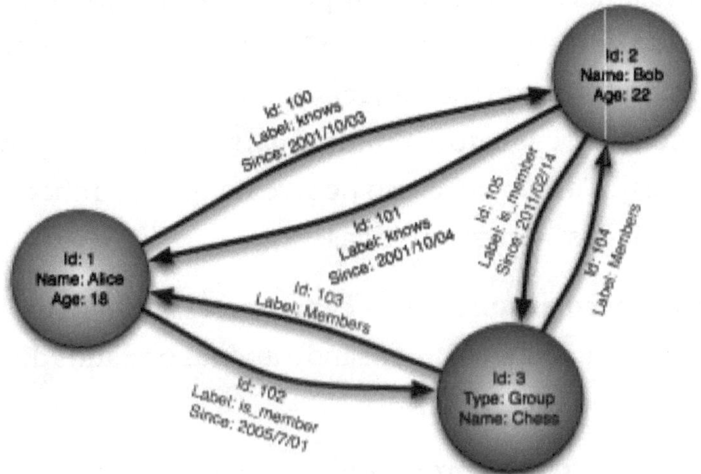

Figura 2: Bancos de Dados baseados em grafos.

Os bancos de dados gráficos basearam-se no sucesso do NoSQL, às vezes interpretado como *Not Only SQL*, Não Somete SQL, é um termo utilizado para bancos de dados não relacionais, pois esses nós e bordas não requerem um esquema prédefinido para suas respectivas propriedades Então, qualquer consulta que envolva a pesquisa por meio de múltiplos nós através de seus relacionamentos   é extremamente rápido. Os bancos de dados gráficos também oferecem um bom benefício quando considera-se a vantagem de ter seus dados armazenados e acessados usando a mesma abstração que é usada para explicar e estruturá-los. É considerado por muitos como uma grande vantagem.

Processamento Paralelo Síncrono em massa (*BSP*): o *Bulk Synchronous Parallel Processing* é conhecido como um "modelo de ponte" para o criação de algoritmos paralelos. Esse modelo fornece uma ligação conceitual entre a composição física e a abstração que é apresentada ao programador. Desde a comunicação até sincronização desempenham um papel significativo no sucesso deste algoritmo. O BSP é projetado para sistemas de processadores que estão conectados a alguma rede de comunicação, com processadores individuais e memória privada, rápida e local. Todo o processo ocorre no que é conhecido como "superposições". Características:

1) **Computação simultânea** – cada processador atua em conjunto, fazendo cálculos e usando apenas os dados disponíveis na memória local.

2) **Comunicação** – os processadores se comunicam um com o outro e informam os dados processados. Isso é feito usando métodos análogos a *'PUT'* e *'GET'* do HTTP, isto é, eles não são transações com estado.

3) **Sincronização de barreira** – quando este passo é alcançado o ciclo não pode avançar para o próximo passo até que todos os processos tenham sido marcados como completo.

As etapas um e dois não precisam, necessariamente, ser completadas.

Um dos benefícios do uso de um banco de dados baseado em grafos é o considerável ganho de performance para percorrer e consultar dados com uma alta densidade de relacionamentos, quando comparado aos tradicionais bases de dados relacionais. Para isso, o banco de dados apenas precisa conhecer os critérios de relacionamento e sua ordem, dessa forma, os processadores ficam livres para calcular e se comunicar, mas a barreira não permitirá que o sistema continue até que toda a comunicação esteja finalizada. Esta comunicação é a chave para a operação do modelo BSP, pois evita problemas de localização de dados. Não importa se um nó não é local para o atual processador, pois o modelo leva em consideração que precisa comunicar os resultados de cálculos a diferentes máquinas e processos. Esse processo significa que cada processador atuará por conta própria ao executar cálculos, usando a memória local com a eficiência máxima. Eles serão capazes de se comunicar e continuar processando usando qualquer nova informação que eles receberem. Isso torna o BSP altamente efetivo no processamento de grandes quantidades de informações altamente inter-relacionadas.

Este algoritmo e técnicas associadas foram aplicadas em um sistema interno de processamento gráfico em grande escala no Google, chamado Pregel, mas apesar de interno, o Google divulgou um documento descrevendo os funcionamentos da aplicação, bem como a implementação no Apache Hama – um *framework Big Data* para análise de alta performance que usa BSP.

TurboGraph: *Single Machine High Performance Graph Processing* – e o seu homólogo GraphChi são aplicativos de processamento gráfico e APIs, respectivamente, que visam fornecer capacidades de processamento gráfico em escala de bilhões (escala web) em uma única máquina. Essas duas implementações e outras similares usam técnicas de processamento baseadas em disco, cuidadosamente estruturadas em um armazenamento de disco rígido tradicional ou SSD para auxiliar em cálculos. Esta técnica cria conjuntos separados de dados que podem ser computados de forma assíncrona. Essas implementações são úteis porque ambos desobrigam a necessidade de um cluster dedicado de máquinas para executar processamento e outras tarefas relacionadas a gráficos de escala maciça. O "custo" desse desempenho não é apenas o requisito de *hardware* (SSD,) pois TurboGraph não é de código aberto, e só é executado em um computador que tenha Windows como seu sistema operacional e fornece um número muito limitado de algoritmos de processamento. Já o GraphChi, sendo um parente direto do GraphLab, é uma API aberta que suporta C++ e Java.

VI. NOSQL

"Se você trabalha com o que ama, não precisa
se preocupar com os planos para o futuro"
— Mark Zuckerberg (Facebook)

O NoSQL é geralmente associado ao *Big Data* devido ao tratamento e armazenamento de grandes volumes de dados não estruturados. Atualmente existem algumas opções de banco de dados não relacionais como DynamoDb, Couchbase, Riak, Azure Table Storage, Redis, Tokyo Cabinet, Berkeley DB, MongoDB, Neo4j, Cassandra, entre outros, como pode ser visto na Figura 3.

O termo NoSQL refere-se a *Not Only SQL*, ou Não Somete SQL em português, foi originalmente utilizado em 1998, como o nome de um banco de dados não relacional de código aberto. De acordo com seu autor, Carlo Strozzi, que alega que o movimento NoSQL "é completamente distinto do modelo relacional e, portanto, deveria ser mais apropriadamente chamado 'NoREL' ou algo que produzisse o mesmo efeito", como pode ser visto na Figura 3.

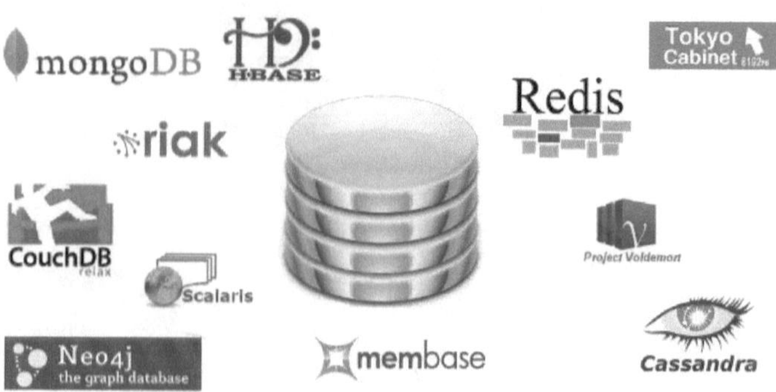

Figura 3: Bancos de Dados Não Relacionais

Com o advendo da popularização e crescimento exponencal da internet, diversos novos dados – dos mais variados tipos – foram surgindo e tratá-los foi se tornando gradualmente mais complexo e sua manutenção cada vez mais cara e complexa.

O artigo: "BigTable: *A Distributed Storage System for Structured Data*", publicado pela Google em 2006, traz novamente à tona o conceito NoSQL.

Já em 2009, o termo NoSQL é reintroduzido por um colaborador da Rackspace, Eric Evans, quando Johan Oskarson, da Last.fm, queria organizar um evento para discutir bancos de dados *open source (software* de código aberto) distribuídos.

O nome sugerido era uma tentativa de descrever o surgimento de um número crescente de bancos de dados não relacionais e fazia uma referência ao esquema de atribuição de nomes dos bancos de dados relacionais mais populares do mercado como MySQL, Oracle, MS SQL, PostgreSQL, etc.

Desde de então, os bancos de dados não relacionais passaram a ser conhecidos como NoSQL, e com o crescente uso e popularização das redes sociais, a geração de conteúdo por dispositivos móveis, bem como o número cada vez maior de pessoas e dispositivos conectados, fez com que o trabalho de armazenamento de dados, com o objetivo de utilizá-los em ferramentas de análise, começasse a esbarrar em questões de escalabilidade (crescimento) e custos de manutenção desses dados.

Bancos de dados relacionais escalam, porém quanto maior o tamanho, mais caro se torna esse crescimento, seja pelo custo de novas máquinas ou pelo aumento de especialistas nos bancos de dados utilizados.

Os bancos de dados não relacionais, escalam de forma menos onerosa e trabalhosa, pois não exigem equipamentos extremamente poderosos e sua facilidade de manutenção permite que um número menor de profissionais especializados.

Com efeito, os bancos de dados tipo NoSQL, estão ficando cada vez mais populares entre as grandes empresas, já que reúnem as características de poder trabalhar com dados semi-estruturados ou "crus," vindos de diversas origens (arquivos de *log*, *sites*, arquivos multimídia – como imagens, vídeos áudio, etc).

Algumas características estão listadas:

Uso de processamento paralelo para otimizar a preparação das informações: para atingir uma performance aceitável no processamento de grandes volumes de dados, é mais eficaz dividir a tarefa em várias outras menores para serem executadas simultaneamente, distribuindo essas tarefas pelos vários processadores e/ou núcleos disponíveis, para isso, os sistemas precisam atingir um alto grau de maturidade no processamento paralelo.

Utilizar muitos processadores baratos oferece melhor performance e torna-se também uma solução economicamente viável, pois dessa forma é possível escalar o sistema horizontalmente apenas adicionando-se *hardware* e não limita a organização a poucos fornecedores de equipamentos mais poderosos.

Distribuição em escala global para atender os usuários de forma eficaz, algumas empresas utilizam vários *data centers* (centros de processamento de dados), localizados em diversas partes do país ou do mundo.

Com isso, várias questões sobre disponibilidade e performance são consideração ao construir sistemas.

A distribuição, combinada com o *hardware* a preço acessível, impõe ao sistema a necessidade de ser robusto o suficiente para tolerar falhas (*failover*) constantes e imprevisíveis, seja de *hardware* ou da infraestrutura do local onde o *data center* está localizado.

Baseado no supracitado, em necessidades internas ou dos clientes, surgiu uma grande quantidade de bancos de dados não relacionais que trabalham de formas distintas, as principais estão listadas a seguir:

Alguns bancos de dados trabalham com o **esquema chave/valor** (*key/value*): sistemas distribuídos dessa categoria, também conhecidos como tabelas de *hash* distribuídas, armazenam objetos indexados por chaves, e possibilitam a busca por esses objetos a partir de suas chaves.

Alguns bancos de dados que utilizam esse padrão são: Couchbase, DynamoDb, Riak, Azure Table Storage, Redis, Tokyo Cabinet, Berkeley DB, etc.

Já os bancos de dados **orientados a documentos** são coleções de atributos e valores, onde um atributo pode ser multi-valorado (ter vários valores). Em geral, os bancos de dados orientados a documento não possuem esquema (estrutura descrita em linguagem formal), ou seja, os documentos armazenados não precisam possuir estrutura em comum como nos bancos de dados convencionais, tipo SQL.

Essa característica faz deles boas opções para o armazenamento de dados semiestruturados.

Alguns bancos que utilizam esse padrão, como MongoDb, CouchDB, RavenDb, etc.

Existem também os bancos de dados de **famílias de colunas**: bancos relacionais normalmente guardam os registros das tabelas contiguamente no disco. Por exemplo, caso se queira guardar um id (identificador / chave), nome e endereço de usuários em um sistema de cadastro, os registros seriam: *Id1*, *Nome1*, *Endereço1*; *Id2*, *Nome2*, *Endereço2*, e assim por diante.

Essa estrutura torna a escrita muito rápida, pois todos os dados de um registro são colocados no disco com uma única escrita no banco. Essa estrutura também é eficiente quando se deseja ler registros inteiros, mas para situações onde se quer ler algumas poucas colunas de muitos registros, essa estrutura é pouco eficiente, já que muitos blocos do disco terão de ser lidos e isso torna o processo mais demorado. Para esses casos, onde se quer otimizar a leitura de dados estruturados, bancos de dados de famílias de colunas são mais interessantes, pois eles guardam os dados contiguamente por coluna.

O exemplo anterior em um banco de dados dessa categoria ficaria: *Id1*, *Id2*; *Nome1*, *Nome2*; *Endereço1*, *Endereço2*.

Com esse exemplo é possível perceber a desvantagem de um banco de dados de famílias de colunas: a escrita de um novo registro é bem mais "cara" do que em um banco de dados convencional. Dessa forma, em uma primeira análise, os bancos tradicionais são mais adequados a processamento de transações *on-line* (*OLTP – On-line Transaction Processing* ou Processamento de Transações *on-line*) enquanto os bancos de dados de famílias de colunas são mais interessantes para processamento analítico *on-line* (*OLAP – On-line Analytical Processing* ou Processamento Analitico *on-line*). O Bigtable é uma implementação da Google para categoria de bancos de dados. Outros bancos de dados que são orientados a coluna: Hadoop, Cassanda, Hypertable, Amazon SimpleDB, entre outros.

Os bancos de dados de **grafos** (conjunto cujos elementos são unidos por arcos): diferentemente de outros tipos de bancos de dados NoSQL, esse está diretamente relacionado a um modelo de dados estabelecido, o modelo de grafos, baseado na teoria dos grafos, ramo da matemática que trata da relações entre objetos de um determinado conjunto. A ideia desse modelo é representar os dados e / ou o esquema dos dados como grafos dirigidos, ou como estruturas que generalizem a noção de grafos.

O modelo de grafos é mais interessante que outros quando as informações sobre a interconectividade ou a topologia dos dados são mais relevantes, ou tão importante quantos os dados. O modelo orientado a grafos possui três componentes básicos: os nós (são os vértices do grafo), os relacionamentos (são as arestas) e as propriedades (ou atributos) dos nós e relacionamentos.

Neste caso, o banco de dados pode ser visto como um multigrafo rotulado e direcionado, onde cada par de nós pode ser conectado por mais de uma aresta. Um exemplo pode ser : "Quais cidades foram visitadas anteriormente (seja residindo ou viajando) por pessoas que viajaram para Berlim?" No modelo relacional esta consulta poderia ser muito complexa devido a necessidade de múltiplas junções (*joins*), o que poderia acarretar uma diminuição no desempenho da aplicação. Porém, por meio dos relacionamentos inerentes aos grafos, estas consultas tornam-se mais simples e diretas, como pode ser visto na Figura 4.

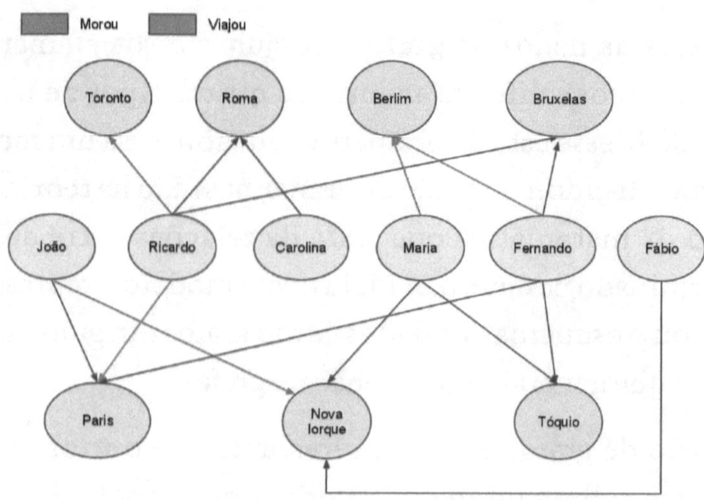

Figura 4: Representação de um Consulta em Grafo.

Alguns bancos que utilizam esse padrão de grafos são: Neo4J, Infinite Graph, InforGrid, HyperGraphDB, etc. Como pode ser visto, os bancos de dados que se utilizam dos conceitos NoSQL, abrangem uma ampla gama de possibilidades de armazenamento da informação, para as mais variadas finalidades.

XII. CARREIRAS

"A maneira mais rápida de mudar é conviver com as pessoas que mais inspiram você"
— Reid Hoffman (LinkedIn)

Um dos elementos que o profissional deve considerar ao escolher um curso, seja técnico, graduação ou pós-graduação (*lato* ou *strito sensu*) é se o mesmo está alinhado à sua profissão e se ela irá continuará valorizada no mercado de trabalho. É importante saber também qual será a situação carreira escolhida em um futuro próximo, além de considerar como ela estará em médio e longo prazo também. Isso porque, como o desenvolvimento cada vez mais acelerado da tecnologia, o cenário está constantemente mudando!

É comum que em alguns anos o mercado de trabalho torne-se diferente, com uma nova geração de profissionais ocupando cargos que antes nem existiam. Ao mesmo tempo, há aquelas profissões tradicionais que podem continuar em alta.

Não é objetivo deste livro tratar de gestão de carreira, mas apenas esclarescer e dar direcionamento aos que pretendem entrar ou se aprofundar na área *Big Data* e NoSQL. De acordo as previsões de algumas das principais consultorias de recrutamento profissional do mercado (Robert Half, Michael Page e Hays), serão tratadas brevemnete aqui as profissões que provavelmente estarão (ou permanecerão) em alta num futuro relativamente próximo.

A crescente explosão da análise de dados e do *Big Data*, fez aumentar consideravelmente a busca por profissionais capazes de extrair, analisar e gerar *insights* dos dados, e não para de crescer. O aumento na busca por profissionais de dados tem levado a criação de novas carreiras, bem como a reinvenção de outras. Por mais que os conceitos de dados existam há muito tempo, as tecnologias que surgiram recentemente, permitem fazer coisas que não eram possíveis antes, sem falar no fato que o volume de dados gerado pelas pessoas – cada vez mais conectadas – nunca foi tão grande.

Dessa forma, serão exploradas, brevemente, as diferenças entre Cientistas de Dados – e suas derivações –, Engenheiros de Dados, Estatísticos e Engenheiros de *Software*.

Essa diferença pode ser confusa e complexa, principalmente para quem não é da área, como os recrutadores, que normalmente têm dificuldade para diferenciar essas profissões. Enquanto todos esses profissionais estão ligados aos dados de alguma forma, há diferenças entre os trabalhos que são realizados e gerenciados por eles.

Durante a última década, especialmente, e especificamente nos últimos dois anos, viu-se uma grande distinção dos papéis encarregados de elaborar e gerenciar dados e as novas profissões surgiram com o objetivo de suprir as necessidade do mercado que gera e consome cada vez mais dados.

Por conta do crescimento e uso do *Big Data*, a *Data Science* (Ciência de Dados) tem se tornado cada vez mais importante nas corporações, com um crescimento exponencial. As organizações e até países de todo o mundo experimentaram um aumento considerável em seus esforços na coleta de dados. Com inúmeras complexidades associadas à coleta, gerenciamento e tratamento dos dados, esse campo agora contem uma grande variedade de tarefas e atribuições. Há Cientistas de Dados – e profissões correlatas – responsáveis pela análise exploratória, aplicando *Machine Learning* (Aprendizagem de Máquina) para modelagem preditiva, Engenheiro(a)s de Dados empenhado(a)s em coletar dados em tempo real e criar um *pipeline* – alusão à técnica de *hardware* que permite que a CPU realize a busca de uma ou mais instruções além da próxima a ser executada – de produção, Estatísticos criando análises em larga escala e Engenheiros de *Software* juntando tudo isso para criar aplicações analíticas de última geração.

A seguir, alguns dos principais atributos desses profissionais, fundamentais para empresas que pretendem analisar *Big Data*, tornando *Data Science* parte da sua estratégia de negócio. Esses profissionais formam o que se chama de *Data Science Team*.

O(a) Cientista de Dados

Considerada como uma das profissões mais promissoras até 2030, mas não a única, a Ciência de Dados possibilita o emprego cada vez maior de sistemas inteligentes, contribuindo para o avanço da transformação digital. Com ela é possível encontrar soluções de forma estruturada, produzindo fortes impactos nos negócios.

O(a)s Cientistas de Dados são o(a)s "mago(a)s" dos dados. Ele(a)s recebem uma enorme massa de dados (estruturados e na maioria das vezes não estruturados) e usam suas habilidades em Matemática, Estatística, Ciência da Computação e Programação, normalmente utilizando as linguagens de programação Python (mais otimizada e adequada para a tarefa) e R (voltada para a manipulação, análise e visualização de dados) para limpar, tratar e organizar esses dados. Em seguida, ele(a)s aplicam suas capacidades analíticas – *Machine Learning*, Inteligência Artificial, conhecimento do negócio, ceticismos e suposições existentes – para descobrir soluções para os desafios das empresas.

Os dados, após limpos (leia-se tratados) e organizados, podem ser usados por Cientistas de Dados para alimentar programas analíticos que os preparam para seu uso na modelagem preditiva – capacidade de predizer o futuro, baseado no histórico e padrão dos dados. Para construir esses modelos, o(a)s Cientistas de Dados precisam fazer uma extensa pesquisa e acumular grandes volumes de dados de fontes externas e internas para responder a todas as necessidades de negócios.

Uma vez que o(a)s Cientistas de Dados concluem o estágio inicial de análise, ele(a)s precisam garantir que o trabalho que realizam seja automatizado e que todos os *insights* sejam devidamente entregues a todos os principais interessados da empresa, rotineiramente. É fato que o conjunto de habilidades necessárias para ser um(a) Cientista de Dados ou um Engenheiro de Dados, são um pouco semelhantes, porém os dois perfis estão gradualmente se tornando ainda mais distintos dentro do mercado, com o crescimento do *Big Data*. O(a)s Cientistas de Dados precisam conhecer os detalhes relacionados a Estatística, Matemática e *Machine Learning* para ajudar a criar modelos preditivos.

Além disso, o(a) Cientista de Dados também precisa conhecer detalhes relativos à computação distribuída (também conhecido como sistema de processamento paralelo é um sistema que interliga vários nós de processamento de maneira que um processo de grande consumo seja executado no nó "mais disponível", ou mesmo subdividido por vários nós). Por meio da computação distribuída, o(a) Cientista de Dados poderá acessar os dados coletados e armazenados pela equipe de engenharia. O(a) Cientista de Dados também é responsável por relatar seus *insights* aos executivos e gestores da empresa, portanto, é necessário um foco em visualização e apresentação (plotagem) dos dados.

O(a) Engenheiro(a) de Dados

Um(a) Engenheiro de Dados é o(a) profissional dedicado(a) ao desenvolvimento, construção, teste e manutenção de arquiteturas de dados, como um sistema de processamento em grande escala. A principal diferença entre um(a) Engenheiro(a) de Dados e um(a) Cientista de Dados é que o(a) segundo(a) é alguém que trata, limpa, organiza e examina o *Big Data*. O(a) Engenheiro(a) de Dados é responsável por criar o *pipeline* dos dados, desde a coleta, até a entrega para análise, para alimentar um produto ou serviço baseado em análise preditiva já em produção (o produto ou serviço pode ter sido desenvolvido com a ajuda de um Engenheiro de *Software*).

O tempo "limpar" pode ser considerado exótico, mas na verdade, ele foi usado com um propósito didático e que ajuda a refletir sobre a diferença entre um(a) Engenheiro(a) de Dados e um(a) Cientista de Dados. Em geral, pode-se mencionar que os esforços empregados por ambos os especialistas são direcionados para obter os dados em um formato fácil e (re)utilizável, mas os detalhes técnicos e as responsabilidades que aparecem entre eles são distintos.

O(a)s Engenheiro(a)s de Dados constroem enormes reservatórios para *Big Data*, por meio do conhecimento em armazenamento e processamento distribuído de dados. Ele(a)s desenvolvem, constroem, testam e mantêm arquiteturas, tais como bancos de dados (relacionais, e principalmente não relacionais) e sistemas de processamento de dados em tempo real e de forma distribuída. Uma vez que estes imensos reservatórios de dados estejam criados, para que o(a)s Cientistas de Dados possam usar conjuntos de dados relevantes para suas análises. O(a)s Engenheiro(a)s de Dados também devem dominar arquiteturas de *Microservices* – técnica de desenvolvimento de *software*, uma variante do estilo estrutural da arquitetura orientada a serviços, que organiza um aplicativo como uma coleção de serviços vagamente acoplados – e segurança de dados.

O(a)s Engenheiro(a)s de Dados não apenas criam métodos e técnicas para melhorar a eficiência, a qualidade e a confiabilidade dos dados, mas também precisam implementar esses métodos. Para gerenciar essa complicação, ele(a)s terão que empregar várias ferramentas. O(a)s Engenheiro(a)s de Dados realmente garantem que a arquitetura de dados é viável para o(a)s Cientistas de Dados trabalharem. Depois de passarem pelo processo inicial, o(a)s Engenheiro(a)s de Dados terão que entregar ou transferir os dados para a equipe de Cientistas de Dados.

Um exemplo prático e simples: o(a) Engenheiro(a) de Dados constrói e mantém um *Data Lake* – um repositório que armazena um grande e variado volume de dados, estruturados e não estruturados – e oferece APIs (são um conjunto de rotinas e padrões de programação para acesso a um aplicativo de *software* ou plataforma baseado na Web) de acesso para o(a) Cientista de Dados que usa os dados para suas análises e execução de modelos de *Machine Learning*.

O(a)s Engenheiro(a)s de Dados garantem o fluxo de dados de maneira ininterrupta. Ele(a)s são o(a)s principais responsáveis pela arquitetura necessária para os dados, produtos ou serviços gerados no processo de análise.

O(a) Estatístico(a)

Ele(a) se posiciona bem na linha de frente de todo o processo e aplica teorias estatísticas para resolver numerosos problemas práticos relacionados a uma infinidade de áreas. Ele(a)s têm a independência para determinar o método considerado viável para encontrar e coletar dados.

O(a)s Estatístico(a)s aplicam as teorias e métodos estatísticos para coletar, analisar e interpretar os dados. Ele(a)s normalmenet trabalham para – ou em – empresas envolvidas em pesquisa de mercado e opinião pública, e também relacionadas com áreas como Finanças, *Marketing*, Saúde, controle de qualidade e desenvolvimento de produtos, e – com frequência – para governos municipais, estaduais e federais.

Ele(a)s analisam e interpretam as análises a partir dos dados e relatam todas as conclusões que encontram aos seus superiores, permitindo assim tomadas de decisão mais precisas. O(a)s Estatístico(a)s possuem habilidades analíticas capazes de interpretar dados e narrar conceitos complexos de uma maneira simples e compreensível.

Os Estatísticos entendem os números que são gerados por meio de pesquisas e análises e aplicam esses números às questões da vida real.

O(a) Engenheiro(a) de *Software*

Um(a) Engenheiro(a) de *Software* está em uma frente importante do processo de análise de dados, pois é o(a) responsável pela criação de sistemas e aplicativos. O(a)s Engenheiro(a)s de *Software* farão parte do processo de desenvolvimento e teste/revisão de sistemas e aplicações analíticas. Ele(a)s são responsáveis por criar os produtos que levam à criação dos dados ou em outros casos, responsáveis pelo desenvolvimento de aplicações analíticas que usam o resultado do processo de análise, como por exemplo, aplicações baseadas em modelos preditivos. A engenharia de *software* é provavelmente o mais antigo de todos esses papéis e era uma parte imperativa do mercado de tecnologia antes do início do *boom* de dados e do crescimento do *Big Data*. Esta profissão ganhou um desafio adicional com o crescimento exponencial do *Big Data* e a necessidade de aplicativos analíticos.

O(a)s Engenheiro(a)s de *Software* são responsáveis pelo desenvolvimento de sistemas *frontend* (interface apresentada ao usuário) e *backend* (processos internos, tratamento dos dados, etc) que ajudam a coletar e processar dados. Essas aplicações Web/Móveis levam ao desenvolvimento de aplicações analíticas que podem ser usadas para operações do dia a dia, bem como para a tomada de decisões.

Por fim, há também outros perfis profissionais relacionado à Ciência de Dados que merece ser mencionados, são eles:

O(a) Arquiteto(a) de Dados

São capacitados na criação de projetos para sistemas de gerenciamento de dados, o(a) arquiteto(a) avalia as potencialidades das fontes de dados das organizações, sendo capaz também de idealizar projetos que permitam a integração, centralização e proteção dos dados, além de permitir a sua manutenção.

O(a) Analista de Dados

Também conhecidos como Cientistas de Dados Júnior, estão capacitados a coletar, processar e realizar análises estatísticas de dados. As competências envolvem a descoberta de como os dados podem ser utilizados para realizar inferências a fim de responder a questionamentos e serem aplicados na resolução de problemas.

O(a) Analista de Negócios

É o(a) profissional responsável pela gerência de mudanças e de constantes transformações por meio da inovação. Pode ser considerado(a) a chave do sucesso na organização. É o(a) tradutor das necessidades dos clientes em novos produtos, serviços e lucro.

VIII. DESAFIOS

"Eu nunca tirei um dia de folga quando era jovem." — Bill Gates

D e acordo com Han [2] a maioria dos trabalhos existentes relacionados aos sistemas de dados podem ser vistos como tentativas para resolver problemas específicos, porém muitos aspectos dos grandes sistemas de dados permanecem inexplorados, como a eficiência energética, por exemplo. Considerando a necessidade de novas aplicações para o tratamento de grandes volumes de dados e a rápida evolução deles, acredita-se que uma abordagem iterativa seja necessária para realizar essas investigações. Seguem alguns dos desafios de pesquisa a serem abordados:

Geração de Dados com Velocidade e Veracidade (qua- lidade): um desafio fundamental para uma avaliação comparativa bem-sucedida de grandes sistemas de dados são sobre a geração de dados com as propriedades (5Vs). Gerar dados com essas propriedades de forma eficaz ainda não foi adequadamente resolvido.

Uso eficiente da Memória: à medida que a exigência de cálculos de baixa latência aumenta, muitos pesquisadores agora prestam mais atenção sobre como usar memória de forma mais eficiente para melhorar o desempenho dos dados em processamento. Um exemplo típico de aplicação que faz isso é o Apache Spark, uma plataforma de dados que aloca memória e armazenamento de dados intermediário para acelerar o grande processamento de dados. Atualmente, a comunidade Spark construiu um "ecossistema"para suportar várias aplicações, incluindo aprendizagem de máquinas, consulta SQL, aplicativos de transmissão e linguagem R. Motivos: primeiro, memória tem um impacto maior no desempenho do sistema do que outros recursos. No entanto, esse uso de memória é difícil de controlar quando comparado a alguns sistemas que funcionam na memória. Por exemplo, a Spark confia na JVM para gerenciamento de memória e isso dificulta o monitoramento do uso real da memória. Em segundo lugar, os sistemas em memória, tais como como Spark aplicam técnicas de compressão e serialização para reduzir o uso da memória. Problema também investigado por Karnagel [9].

Suportar Plataformas de *Hardware* Heterogêneas: com o rápido desenvolvimento da tecnologia, o *hardware* emergente e as plataformas mudam significativamente o modo de processar dados e melhorar eficiência do processamento dos mesmos. Por exemplo, Plataformas de Xeon + Unidades de Processamento Gráfico (GPGPU) e Xeon + Many Integrated Core (MIC) podem melhorar significativamente a velocidade do processamento de Aplicações HPC – *Applications for High Performance Computing*. Espera-se também encontrar uma plataforma específica que possa perceber melhor desempenho e eficiência energética para eles.

Visualização satisfatória em 3D – ou mais – dimensões dos dados: há algumas tentativas, como no Neo4J, que faz apresentação dos dados em 2D, mas ainda em estágio embrionário. Imagina-se também o acréscimo de uma quarta dimensão (tempo) – ou mais vetores –, para que além da "profundidade" ausente no modelo de duas dimensões, seja possível identificar visualmente em que momento (quando) um determinado ocorreu, foi gerado, extraído, etc.

IX. CONCLUSÃO

"Somente queremos fazer uma única coisa e fazer muito bem" — Jan Koum (WhatsApp)

Com o rápido desenvolvimento da tecnologia da informação, grandes sistemas de dados surgiram para gerenciar e processar grandes conjuntos de dados com requisitos de volume, velocidade, variedade, veracidade e valor, de acordo com a pesquisa [10]. Esses sistemas emergentes deram origem a vários novos desafios sobre como desenvolver uma nova geração de soluções para *Big Data*. O presente trabalho destaca também o esforço de comunidades de *software* livre e seus colaboradores voluntários e anônimos, como a Fundação Apache, com vários projetos nesse sentido, *Big Players* da Internet como a gigante das buscas, Google Inc., com o desen- volvimento do MapReduce e o aprimoramento do PageRank, além do projeto open source de banco de dados gráficos da Neo4j, na tentativa de representar visualmente grandes massas de dados, todos com suas respectivas colaborações diretas e indiretas para uma sociedade cada vez mais conectada por meio da computação ubíqua. Contribuições essas que, tam- bém auxiliam diversos setores, como: industrial, econômico, acadêmico e comercial. Apesar de ainda existirem muitos desafios a serem superados no uso e aplicação de *Big Data*, que certamente trará mais "surpresas" com o desenvolvimento acelerado da Internet das Coisas (IoT), devem ser incentivadas as contínuas investigações e desenvolvimentos para tornar a geração e o uso dos grande volumes de dados, relevantes, uma realidade.

Por fim, que o NoSQL é o futuro dos Bancos de Dados (não relacionais) - e realidade em muitas empresas - e sua utilidade na manipulação de dados volumosos é inquestionável. Já os entusiastas do *Big Data*, principalmente os iniciantes, devem evitar a "tentação" de seguir os dados ao invés da solução para o problema, fazendo as seguintes perguntas:

- Como processar e filtrar uma amostra para obter os dados certos?
- Como determinar os valores de tais dados?
- Quanto ruido ou "sujeira"existem nestes dados?
- Como distinguir dados válidos de SPAM?
- A distribuição dos dados é válida ou há algo oculto ou que precisa descoberto e/ou corrigido?
- Como identificar e eliminar as duplicidades?
- Sendo a privacidade algo importante, que cuidados tomar?
- É preciso deixar os dados anônimos para evitar rastreamento?
- Será necessário transformar os dados, habilitar auditoria e colocar controle de acesso?

X. BÔNUS

"A palavra convence, mas o exemplo arrasta"
— Chico Xavier

Para que o(a) leitor(a) tenha um ideia do que está sendo utilizado no mercado, foi preparada uma vídeoaula com exemplos práticos e aplicações de NoSQL com o autor + Mapa Mental. Aponte a câmera do seu celular ou acesse os endereços (URLs) a seguir.

https://bit.ly/VideoAula-NoSQL-Anaxi-Melo
http://bit.ly/Mapa-Mental-NoSQL-Prof-Anaxi-Melo

REFERÊNCIAS

[1]   Z. Lv, H. Song, P. Basanta-Val, A. Steed, and M. Jo, *"Next-generation big data analytics: State of the art, challenges, and future research topics,"* IEEE *Trans. Industrial Informatics,* vol. 13, no. 4, pp. 1891–1899, 2017. [*On-line*]. *Available*: https://doi.org/10.1109/TII.2017.2650204

[2] R. Han, Z. Jia, W. Gao, X. Tian, and L. Wang, *"Benchmarking big data systems: State-of-the-art and future directions,"* *CoRR*, vol. abs/1506.01494, 2015. [*On-line*]. *Available*: http://arxiv.org/abs/1506.01494

[3]   J. M. Cavanillas, E. Curry, and W. Wahlster, Eds., *New Horizons for   a Data-Driven Economy - A Roadmap for Usage and Exploitation of Big Data in Europe*. Springer, 2016. [*On-line*]. *Available*: https://doi.org/10.1007/978-3-319-21569-3

[4] V. N. Gudivada, R. A. Baeza-Yates, and V. V. Raghavan, *"Big data: Promises and problems,"* *IEEE Computer*, vol. 48, no. 3, pp. 20–23, 2015. [*On-line*]. *Available*: https://doi.org/10.1109/MC.2015.62

[5] A. Cuzzocrea, *"Big data provenance: State-of-the-art analysis and emerging research challenges,"* *in Proceedings of the Workshops of the EDBT/ICDT 2016 Joint Conference, EDBT/ICDT Workshops 2016, Bordeaux, France, March 15, 2016.*, ser. CEUR Workshop Proceedings, T. Palpanas and K. Stefanidis, Eds., vol. 1558. CEUR-WS.org, 2016. [*On-line*]. *Available*: http://ceur-ws.org/Vol-1558/paper37.pdf

[6] S. Chalmers, C. Bothorel, and R. Picot-Clémente, *Big Data - State of the Art*, 11 2013.

[7] X. Wu, X. Zhu, G. Wu, and W. Ding, *"Data mining with big data,"* IEEE *Trans. Knowl. Data Eng.*, vol. 26, no. 1, pp. 97–107, 2014. [Online]. *Available*: https://doi.org/10.1109/TKDE.2013.109

[8]   M. Pospiech and C. Felden, *"Big data - A state- of-the-art,"* in *18th Americas Conference on Information Systems, AMCIS 2012, Seattle, Washington August 9-11, 2012*. Association for Information Systems,

2012. [*On-line*]. *Available*: http://aisel.aisnet.org/amcis2012/proceedings/
DecisionSupport/22

[9]   T. Karnagel, T. Ben-Nun, M. Werner, D. Habich, and W. Lehner, "*Big data
causing big (TLB) problems: taming random memory accesses on the GPU,*" in
*Proceedings of the 13th International Workshop on Data Management on
New Hardware, DaMoN 2017, Chicago, IL, USA, May 15, 2017*, 2017, pp. 6:1–
6:10. [*On-line*]. Available: http://doi.acm.org/10.1145/3076113.3076115

[10]   D. Rajeshwari, "*State of the art of big data analytics: A survey,*"
International Journal of Computer Applications, vol. 120, no. 22, 2015.

SOBRE O AUTOR

Anaximandro Barbosa De Melo

Escritor, palestrante, consultor, professor (Pós-Graduação, MBA e cursos técnicos), gerente de projetos, engenheiro de software e empreendedor serial, graduado em Processamento de Dados, possui Pós-Graduação em Ciência de Dados e Machine Learning, MBAs em: Gestão Empresarial; Gestão Estratégica de Projetos; e Controladoria e Finanças. Mais de vinte anos de experiência como Gestor de TIC - Tecnologia da Informação e Comunicações, também possui as principais certificações Google Ads (publicidade Web). Atua com segurança da informação, além lecionar disciplinas de Tecnologia da Informação e Marketing Digital.

Contatos:
https://www.linkedin.com/in/abdmelo/
head@cyberh.com.br
head@posverda.de
WhatsApp: (61) 3532-3133

LIVROS DESTE AUTOR

Liderança E Crise, Autoridade X Poder: Manda Quem Pode, Obedece Quem É Bem Servido! (Portuguese Edition)

Com o objetivo de auxiliar o(a)s gestore(a)s do Brasil, nesta crise - também - de liderança, num relato quase breve sobre líderes e seus estilos, a história da humanidade demonstra que houve muitos tipos de lideranças e que essas utilizaram ora poder, ora autoridade, ora ambas - serão identificados, diferenciados e mapeados no decorrer dos capítulos - e foram capazes de influenciar os mais variados tipos de pessoas de diversas culturas em várias épocas. De Jesus a Tiradentes, de Gengiskan a Nero, de Buda a Gandhi, de Mussolini a Saddan Hussein, de Francisco de Assis a Nelson Mandela, de Hitler a Bin Laden, de Lincoln a Trump, de Luther King a Madre Teresa de Calcutá e de Irmã Dulce a Bolsonaro, todos exerceram influencia por meio de seu modo de pensar e sobre tudo por seu - exemplo - modo de agir. O primeiro capítulo traça as bases e os princípios dos conceitos que influenciaram o pensamento atual sobre liderança. O segundo faz uma análise sobre a quebra de paradigmas nos contextos onde estão inseridos os indivíduos. O terceiro aborda os modelos que existiram, como referência para modelos de gestão contemporânea e futura. No quarto são relatados os tipos mais comuns de líderes. O quinto examina e explica as origens de expressões cotidianas e seus significados nas épocas em que foram e são utilizadas. No sexto capítulo são tratadas as questões do ambiente e suas influências nos comportamentos e pensamentos das pessoas. O sétimo explana

sobre as escolhas que todos podem fazer e os conceitos contrários
à questão do livre-arbítrio. No oitavo, serão feitas analogias da
vida e obras da freira Irmã Dulce sob um prima corporativo. O
novo capítulo tratará do estilo indefinido de gestão do atual pre-
sidente da república, Jair Bolsonaro. No décimo são apresentados
os desafios a serem conquistados pelos que optarem pelos modelos de gestão baseados na autoridade. O décimo primeio trata
das diretrizes para se tornar um(a) líder servido(a), seguido da
conclusão. Em tempos de crise, onde lideranças formais - ou não
- são questionadas quase que diariamente, percebe-se que liderar
é tarefa não trivial e exige entre outras muitas habilidades, em-
patia e saber servir. De pessoas com origem humilde amparadas e
acolhidas por voluntários que só querem ajudar, a presidentes de
nações que visam a saúde financeira dos seus países. Exemplos de
bons e maus líderes não faltam. A história da liderança não é nova,
mas nunca esteve tão atual!

Felicidade No Trabalho Da Enfermagem: O Livro Que Todo(A) Enfermeiro(A) Deve Ler.

A busca da felicidade é uma meta humana essencial presente
em todas as dimensões da vida, incluindo o cenário laboral. Es-
tudos apontam que existe relação entre trabalho e felicidade,
afirmando que não é possível ser genuinamente feliz estando
infeliz no trabalho. No contexto da enfermagem, a interdepen-
dência entre trabalho e felicidade remete a uma preocupação no
cenário laboral, visto que há uma estatística importante acerca
da depressão entre esses profissionais. Assim, considerando que
o objeto de trabalho do profissional da enfermagem é O CUI-
DADO e sendo A FELICIDADE promotora de resiliência, saúde,
sociabilidade, criatividade e energia, decidir conhecer os fatores
que promovem o estado de bem-estar e felicidade no trabalho
de enfermagem. Esse livro pretende contribuir com o leitor com
informações que podem ajudar o profissional de enfermagem a
refletir acerca da felicidade em seu trabalho nos diversos campos

de atuação, auxiliar na reconstrução de sua atuação frente aos fatores geradores de felicidade e infelicidade laboral, e conhecer as dores e as alegrias de ser enfermeiro ou enfermeira, seja na dimensão individual ou coletiva.

www.ingramcontent.com/pod-product-compliance
Lightning Source LLC
Chambersburg PA
CBHW030806180726
47991CB00024B/1105